Aktiviere deine Zirbeldrüse

Wie Du Dein Drittes Auge nutzt, um Höheres Bewusstsein zu erreichen

Alex McKenna

Paperback ISBN 978-1-966691-41-9

Hardcover ISBN 978-1-966691-42-6

Large Print ISBN 978-1-966691-43-3

Contents

Einführung 1

Kapitel 1: Was ist die Zirbeldrüse? 3

Kapitel 2: Die Zirbeldrüse und das Dritte Auge 9

Kapitel 3: Die Ergebnisse der Stimulation der Zirbeldrüse 15

Kapitel 4: Methoden zum Öffnen des Dritten Auges 21

Kapitel 5: Interaktion mit dem Dritten Auge 25

Kapitel 6: Die Gefahren der Verkalkung 33

Kapitel 7: Ganzheitliche Methoden zur Entgiftung der Zirbeldrüse 39

Abschluss 45

Ressourcen 47

Einführung

Die Bedeutung der Zirbeldrüse im Zusammenhang mit der allgemeinen Gesundheit und dem Wohlbefinden eines Menschen ist in medizinischen Kreisen mittlerweile weithin anerkannt. Die Zirbeldrüse beeinflusst nicht nur den Schlafzyklus des Menschen, sondern auch direkt Dinge wie die Stimmung einer Person, ihre Konzentrationsfähigkeit und sogar ihre kreativen Fähigkeiten. Darüber hinaus verleiht ihr die Verbindung zwischen der Zirbeldrüse und dem sogenannten dritten Auge im Hinduismus und anderen mystischen Traditionen eine große spirituelle Bedeutung. Dieses Buch untersucht alle Aspekte der Zirbeldrüse und enthüllt ihre Rolle für das körperliche, geistige und spirituelle Wohlbefinden eines Menschen.

Darüber hinaus befasst es sich mit den Symptomen einer schlecht funktionierenden Zirbeldrüse und zeigt Methoden zur Wiederherstellung und Förderung der vollständigen Gesundheit der Zirbeldrüse. Wenn Sie dieses Buch zu Ende gelesen haben, werden Sie ein tieferes Verständnis für die Rolle der Zirbeldrüse in Ihrem Leben sowie für die Bedeutung einer gesunden und ordnungsgemäßen Funktion haben.

Kapitel 1: Was ist die Zirbeldrüse?

Es erscheinen immer mehr Bücher, Artikel und Studien über die Bedeutung der Zirbeldrüse für die allgemeine Gesundheit und das Wohlbefinden eines Menschen. Um all diese neuen Informationen zu verstehen, muss man zunächst herausfinden, was die Zirbeldrüse eigentlich ist. Überraschenderweise gibt es auf diese Frage mehrere Antworten, je nachdem, wen man fragt. Ein Arzt wird die Zirbeldrüse aus biologischer Sicht erklären, während ein Psychologe Ihnen erklären wird, wie wichtig sie für die geistige Gesundheit eines Menschen ist. Darüber hinaus wird Ihnen ein spirituell veranlagter Mensch erklären, welche Rolle die Zirbeldrüse für das spirituelle Erleben und Wohlbefinden eines Menschen spielt. Dieses Kapitel konzentriert sich auf die physische und biologische Natur der Zirbeldrüse und enthüllt ihre Rolle für Ihre körperliche Gesundheit, indem sie dringend benötigte Chemikalien liefert, die bei der Regulierung wichtiger Körperfunktionen helfen.

Das endokrine System

Als Drüse ist die Zirbeldrüse Teil des sogenannten endokrinen Systems. Dieses System ist für die Erzeugung, Verteilung und Kontrolle chemischer Stoffe im Körper verantwortlich. Diese chemischen Stoffe beeinflussen alle Körperfunktionen, einschließlich Schlaf, Fortpflanzungszyklen, Verdauung, Energieniveau, Heilung und so ziemlich alles andere, was Sie sich vorstellen können. Unterm Strich erfordert jede Körperfunktion einen chemischen Reiz, und dieser Reiz wird von einer Drüse im endokrinen System erzeugt.

Die meisten Menschen übersehen oft die Bedeutung des endokrinen Systems. Einfach ausgedrückt: Wenn das endokrine System gesund ist und richtig funktioniert, wird eine Person in jeder Hinsicht vollkommene Gesundheit und Wohlbefinden erfahren. Sie wird sich ständig energiegeladen, stark und konzentriert fühlen. Wenn sie verletzt wird, wird ihr Körper Infektionen bekämpfen und Knochen, Gewebe, Muskeln und Haut schnell heilen. Die Produktion roter Blutkörperchen wird stark und gesund sein, ebenso wie die Hormonproduktion. Wenn das endokrine System hingegen nicht optimal funktioniert, erliegt eine Person leicht Infektionen, hat unregelmäßige Schlafzyklen, wird launisch und kann sich nicht konzentrieren oder klar denken.

Meistens werden solche Beschwerden mit Medikamenten der einen oder anderen Art behandelt. Während die meisten

Menschen glauben, dass Medikamente die Dinge liefern, die nötig sind, um Schmerzen, Infektionen und dergleichen zu lindern, ist die Wahrheit, dass die meisten Medikamente das endokrine System korrigieren und dem Körper ermöglichen, die Chemikalien zu produzieren, die nötig sind, um das vorliegende Problem zu beheben. Daher ist es das endokrine System und nicht die Apotheke, das jede Krankheit, Verletzung und jeden Schmerz im menschlichen Körper heilt.

Die Rolle der Zirbeldrüse

Die Zirbeldrüse befindet sich praktisch in der Mitte des Gehirns und ist sehr klein. Sie ist im Durchschnitt zwischen 5 und 9 Millimeter lang. Ihre zapfenförmige Gestalt macht sie leicht zu erkennen und ist der Ursprung des Namens „Zirbeldrüse" (lateinisch für Kiefernzapfen). Anders als der Rest des Gehirns ist die Zirbeldrüse nicht in der Blut-Hirn-Schranke eingeschlossen. Dies macht sie viel anfälliger für Schäden durch negative Faktoren wie Umweltverschmutzung, Rauchen, schlechte Ernährungsgewohnheiten und dergleichen. Eine der erstaunlichsten Tatsachen über diese Drüse ist, dass sie genau dasselbe Netzhautgewebe besitzt wie das Auge. Darüber hinaus ist sie mit dem visuellen Kortex verbunden, wodurch sie auf Licht- und Dunkelheitsniveaus reagiert. Es ist daher kein Wunder, dass der spirituelle Name für die Zirbeldrüse „Drittes Auge" ist.

Die Zirbeldrüse ist für die Produktion von Melatonin verantwortlich. Dieses Hormon ist der wichtigste Botenstoff für Schlafzyklen, die Aufrechterhaltung des zirkadianen Rhythmus, das Immunsystem und die Stimmung eines Menschen.. Wenn die Zirbeldrüse richtig funktioniert, schläft der Mensch regelmäßig und erholsam, ist widerstandsfähiger gegen Infektionen und häufige Krankheiten und hat eine ausgeglichene Stimmung, die weniger anfällig für Wut, Angst oder Depression ist. Einige Studien haben gezeigt, dass die Zirbeldrüse auch für die Kreativität eines Menschen verantwortlich sein könnte. Das würde darauf hindeuten, dass Künstler, Musiker und große Denker eine sehr aktive Zirbeldrüse haben.

Die zirkadianen Rhythmen

Eine weitere wichtige Funktion der Zirbeldrüse besteht darin, den zirkadianen Rhythmus eines Menschen aufrechtzuerhalten. Das mag zwar wie ein musikalischer Begriff klingen, aber tatsächlich handelt es sich dabei um die biologische Uhr eines Menschen, die mit der Erdrotation um die Sonne synchronisiert ist. Deshalb besitzt die Zirbeldrüse die Fähigkeit, auf Licht und Dunkelheit zu reagieren. Wenn die Zirbeldrüse starkes Licht wahrnimmt, produziert sie weniger Melatonin als in einer dunkleren Umgebung. Dies liegt daran, dass die Zirbeldrüse darauf programmiert ist, auf die Bedingungen von Tag und Nacht zu reagieren. Sie produziert mehr Melatonin im Dunkeln, da die natürliche Schlafzeit eines Menschen nachts ist.

Leider greifen Menschen oft auf Verhaltensweisen zurück, die die ordnungsgemäße Funktion der Zirbeldrüse behindern. Ein Beispiel hierfür ist eine helle Lampe im Schlafzimmer zum Lesen. Wenn Ihre Zirbeldrüse helles Licht wahrnimmt, produziert sie weniger Melatonin. Dies erschwert Ihnen das Einschlafen. Darüber hinaus kann das Tragen einer Sonnenbrille tagsüber die Melatoninproduktion steigern, was zu einem allgemeinen Gefühl von Schläfrigkeit und Lethargie führen kann. Nur wenn die Zirbeldrüse tagsüber und nachts die richtige Menge Licht erhält, kann sie den Melatoninspiegel richtig regulieren.

Schlaf ist zwar die wichtigste Funktion, die mit den zirkadianen Rhythmen verbunden ist, aber nicht die einzige. Diese Rhythmen wirken sich auch auf die Fortpflanzungsfunktionen einer Person aus. Dies kann sich auf das sexuelle Verlangen einer Person sowie auf ihre Fähigkeit, schwanger zu werden, auswirken. Die Essgewohnheiten einer Person sind ebenfalls direkt mit den zirkadianen Rhythmen verbunden. Der Nahrungsbedarf Ihres Körpers hängt von der Tageszeit sowie den ausgeführten Aktivitäten ab. Am gesündesten sind diejenigen, die jeden Tag zur gleichen Zeit essen und nicht spät abends zu sich nehmen . Dies liegt daran, dass der Körper auf diese Weise Nahrung effizienter verarbeiten kann, was einer Gewichtszunahme vorbeugt und die Energieproduktion steigert.

Kapitel 2: Die Zirbeldrüse und das Dritte Auge

Die Zirbeldrüse hat nicht nur physische Eigenschaften, die sie mit einem biologischen Auge in Verbindung bringen, sondern auch viele spirituelle Eigenschaften, die ihr den bekannten Namen „Drittes Auge“ eingebracht haben. Religionen und Traditionen auf der ganzen Welt haben Symbolik verwendet, die direkt oder indirekt mit der Zirbeldrüse in Verbindung gebracht werden kann. Wie viel die Alten über die Rolle und Funktion der Zirbeldrüse wussten, bleibt ein Rätsel. Es scheint jedoch eine ganze Reihe von Beweisen zu geben, die darauf hindeuten, dass sie zumindest eine Vorstellung davon hatten, wie sie die Stimmung, Kreativität, den Traumzyklus und sogar bestimmte psychische Fähigkeiten einer Person beeinflusste. Infolgedessen war die Gesundheit des Dritten Auges direkt mit der Gesundheit und dem Wohlbefinden der Seele einer Person verbunden. Dieser Glaube ist in vielen Traditionen auch heute noch relevant und macht die Zirbeldrüse zu einem der spirituell wichtigsten Merkmale des menschlichen Körpers.

Das Dritte Auge-Chakra

Ähnlich wie das endokrine System erkannten die alten Hindus ein Energiesystem, das in einer Person zentriert ist und als Chakren bezeichnet wird. Der Begriff Chakra stammt vom Sanskrit-Wort für Rad, und so bezeichneten die Hindus diese Energiezentren. Jedes Chakra war für eine bestimmte Art von Energie verantwortlich und beeinflusste bestimmte Elemente des Lebens einer Person - sowohl physisch als auch spirituell. Tatsächlich gab es im hinduistischen Denken kaum einen Unterschied zwischen physischer und spiritueller Gesundheit, da das eine das andere direkt beeinflusste.

Die Zirbeldrüse ist das sechste der sieben Chakren und befindet sich entlang einer Achse, die von der Leiste bis zum Scheitel des Kopfes durch die Körpermitte einer Person verläuft. Sie ist direkt zwischen den Augenbrauen abgebildet, nur etwas höher als die physischen Augen einer Person. Dieses Chakra, das als DrittesAuge-Chakra bekannt ist, war der Ort, an dem die Energie für den Blick in die Geisterwelt erzeugt und verwaltet wurde. Ein krankes oder unausgeglichenes Chakra würde zu niedrigen Energieniveaus führen, was zu einem Mangel an klarem Denken, Vorstellungskraft, Intuition und spiritueller Einsicht führen würde. Im Wesentlichen sorgte ein defektes Drittes-Auge-Chakra dafür, dass eine Person in der physischen Realität verwurzelt und praktisch blind für die geistige Welt war. Daher war es von größter Wichtigkeit, dieses Chakra sauber, gesund und mit maximaler Leistungsfähigkeit zu halten.

Der Sitz der Seele

Die spirituelle Natur der Zirbeldrüse fand auch in sehr realer und bedeutsamer Weise ihren Weg in die westlichen Kulturen. Der französische Philosoph René Descartes aus dem 17. Jahrhundert bezeichnete die Zirbeldrüse als "Sitz der Seele". Er glaubte, dass dort der eigentliche Geist eines Menschen wohnte, im Zentrum des Gehirns. Möglicherweise war sein Bezug darauf zurückzuführen, dass zahlreiche Religionen den Kiefernzapfen als Sinnbild der Göttlichkeit und Spiritualität verwendeten. Das Symbol des Kiefernzapfens findet sich in Kulturen wie der griechischen, römischen, ägyptischen, aztekischen, hinduistischen und anderen, die bis in die tiefsten Winkel der Menschheitsgeschichte zurückreichen. Dass die Zirbeldrüse sowohl die Form eines Kiefernzapfens hat als auch nach ihm benannt ist, wäre einem großen Denker wie Descartes nicht entgangen .

Zahlreiche andere haben über die mögliche Bedeutung der Symbolik des Kiefernzapfens in so ziemlich jeder der Menschheit bekannten großen Religion nachgedacht. Dass ein Teil des Gehirns auf diese Weise geformt war, war von enormer Bedeutung. Schließlich war eine der wichtigsten Fragen aller Zeiten die nach der Beziehung zwischen Seele und Körper. Wo existiert das eine im anderen? Obwohl diese

Frage noch nicht endgültig beantwortet wurde, bot die Zirbeldrüse bisher vielleicht die beste Lösung. Schließlich wurde die Seele normalerweise mit Dingen wie der Stimmung, der Vorstellungskraft, den Träumen und dem kreativen Funken einer Person in Verbindung gebracht. Da die Zirbeldrüse für diese Dinge verantwortlich war, lag es nahe, dass sie der "virtuelle Sitz der Seele" eines Menschen war.

Das Tor zwischen Körper und Seele

Begriffe wie „Sitz der Seele" und „Drittes Auge" können die Zirbeldrüse zu einer Art spirituellem Substantiv machen. Eine solche Vorstellung ist zwar technisch gesehen richtig, würde aber die Bedeutung der Zirbeldrüse erheblich untergraben. Tatsache ist, dass die Zirbeldrüse der Punkt ist, an dem die beiden Welten der Materie und des Geistes aufeinandertreffen. In diesem Licht kann die Zirbeldrüse als Tor zwischen Körper und Seele betrachtet werden. Daher kann hier die symbiotische Beziehung zwischen Körper und Seele am besten erfahren werden.

Diese Beziehung zeigt sich darin, dass körperliche Gesundheit und Wohlbefinden die Seele beeinflussen können und umgekehrt. Einerseits kann die Leistung Ihrer Zirbeldrüse leiden, wenn Sie bestimmte schädliche Verhaltensweisen und Aktivitäten ausüben, die später in diesem Buch besprochen werden. Infolgedessen leiden auch Ihre geistige und spirituelle Gesundheit und Ihr Wohlbefinden. Andererseits leidet Ihr körperliches Wohlbefinden, wenn Ihre spirituellen Aktivitäten negativ oder unzureichend sind. Dies ist nicht nur eine Frage des spirituellen Glaubens oder mystischer Vermutungen; das ist die Schlussfolgerung von Medizinern und Psychologen aus aller Welt.

Interessanterweise können positive Verhaltensweisen genauso einen positiven Einfluss haben, wie schädliche Aktivitäten am einen Ende des Spektrums das andere Ende negativ beeinflussen. Wenn Sie also anfangen, sich gesund zu ernähren und andere körperliche Aktivitäten durchzuführen, um die Gesundheit Ihrer Zirbeldrüse zu verbessern, wird sich Ihr geistiges und spirituelles Wohlbefinden verbessern. Wenn Sie hingegen beginnen, sich an geistigen und spirituellen Aktivitäten zu beteiligen, die positiv und nährend sind, wird sich Ihre körperliche Verfassung verbessern. Diese Beziehung zwischen geistiger und körperlicher Realität ist vielleicht das größte Wunder der Zirbeldrüse und ihrer Funktionen.

Kapitel 3: Die Ergebnisse der Stimulation der Zirbeldrüse

Während manche Menschen die Zirbeldrüse als das mystische dritte Auge eines Lebewesens betrachten, das über die physische Realität hinausblicken kann, betrachten andere sie lediglich im Hinblick auf ihre physiologische und psychologische Bedeutung. In jedem Fall hat eine gesunde Zirbeldrüse erhebliche Vorteile für die allgemeine Gesundheit und das Wohlbefinden einer Person. Ob Sie nach besseren Schlafzyklen, einem stabileren Geisteszustand oder einer bedeutungsvolleren spirituellen Erfahrung suchen, eine gesunde Zirbeldrüse kann dazu beitragen, all diese Ergebnisse zu erzielen. In diesem Kapitel werden einige der bedeutendsten Vorteile der Stimulierung der Zirbeldrüse aufgezeigt, einschließlich der körperlichen, geistigen und spirituellen Auswirkungen.

Körperliche Auswirkungen

Wie bereits erwähnt, besteht eine der Hauptfunktionen der Zirbeldrüse darin, Melatonin zu produzieren. Dies hat jeden Tag direkte Auswirkungen auf den Schlafzyklus einer Person. Dies bedeutet jedoch mehr als nur, wann eine Person einschläft und wann sie aufwacht. Tatsache ist, dass eine Person in einer einzigen Nacht mehrere Schlafzyklen durchläuft, die von Dämmerschlaf bis Tiefschlaf und allem dazwischen reichen. Nur wenn eine Person die verschiedenen Zyklen in ihren richtigen Proportionen erlebt, wird sie sich beim Aufwachen sowohl körperlich als auch geistig ausgeruht fühlen. Was Müdigkeit und einen trägen Geist verursacht, ist nicht immer die Schlafmenge, sondern die Schlafqualität einer Person. Hier kann die Stimulation der Zirbeldrüse von echtem Wert sein.

Das von der Zirbeldrüse produzierte Melatonin lässt eine Person nicht nur einschlafen, sondern reguliert auch die Art des Schlafs, den sie erlebt. Das heißt, wenn die Zirbeldrüse gut funktioniert, wird sie die perfekte Menge an Melatonin produzieren und abgeben, um einen guten Nachtschlaf mit allen erforderlichen Ruhe- und Erholungseigenschaften zu gewährleisten. Während man für einen besseren Schlaf Schlafmittel und sogar Melatoninpräparate verwenden kann, ist die Wahrheit, dass nichts besser ist als die natürliche Produktion und Verteilung von Melatonin. Nur die Zirbeldrüse kann dies ermöglichen. Indem Sie die Zirbeldrüse stimulieren, stellen Sie daher sicher, dass Ihr Schlaf auf eine Weise reguliert wird, die seine Auswirkungen auf Ihr körperliches und geistiges Wohlbefinden maximiert.

Mentale Auswirkungen

Es ist unnötig zu erwähnen, dass die Qualität des Schlafs einer Person ihren Gemütszustand auf sehr bedeutender Weise direkt beeinflusst. Wenn Sie also die Zirbeldrüse stimulieren und besser schlafen, werden Sie in nahezu jeder erdenklichen Weise eine bessere Geisteshaltung erleben. Eines der ersten Dinge, die Sie bemerken werden, ist eine größere Klarheit des Denkens. Dies liegt daran, dass Sie nicht die neblige Trägheit haben werden, die bei Menschen mit Schlafstörungen oder generellem Schlafmangel üblich ist. Stattdessen werden Sie sich länger konzentrieren können, neue Konzepte schneller und gründlicher verstehen und Probleme effizienter lösen können. Alle diese mentalen Qualitäten sind direkt mit dem Schlaf verbunden. Je besser Sie also schlafen, desto besser sind Ihre mentalen Fähigkeiten.

Ein weiterer mentaler Vorteil einer stimulierten Zirbeldrüse ist eine stabilere Stimmung. Dies ist auf die richtige chemische Balance zurückzuführen, insbesondere auf Melatonin und Serotonin. Wenn diese Botenstoffe bei einer Person im Ungleichgewicht sind, leidet sie normalerweise unter starken Stimmungsschwankungen und wechselt im Handumdrehen von Euphorie zu Wut. Dies mag zwar das Ergebnis einer ernsteren Erkrankung sein, liegt aber oft einfach an einer schlecht funktionierenden Zirbeldrüse. Sobald die Zirbeldrüse stimuliert wird, erreichen diese Botenstoffe ihre richtigen Werte, was zu einer stabileren und vorhersehbareren Stimmung der Person führt.

Schließlich gibt es den Vorteil einer gesteigerten Vorstellungskraft und Kreativität. Wenn Sie jemals an einem kreativen Projekt beteiligt waren, haben Sie wahrscheinlich eine Zeit erlebt, in der Ihre Vorstellungskraft gegen eine Mauer zu laufen schien. Meistens geschah dies, wenn Sie wahrscheinlich körperlich erschöpft waren. Das ist kein bloßer Zufall. Tatsache ist, dass Ihre Zirbeldrüse möglicherweise zu viel oder zu wenig eines bestimmten Botenstoffs produziert, was eher zu Müdigkeit als zu künstlerischem Flair führt. Wenn Sie jedoch Ihre Zirbeldrüse wieder vollständig gesund und stark machen, werden Sie feststellen, dass Ihre Kreativität stärker, klarer und länger anhaltend ist.

Spirituelle Wirkungen

In Bezug auf spirituelle Wirkungen gibt es praktisch kein Ende der Vorteile einer stimulierten Zirbeldrüse. Die vielleicht wichtigste Wirkung ist, dass Sie ein stärkeres Gefühl von Empathie und Zugehörigkeit zur Welt um Sie herum haben. Wenn eine Person an einer beeinträchtigten Zirbeldrüsenfunktion leidet, verspürt sie häufig ein Gefühl der Trennung von den Menschen und Orten um sie herum. Dies kann dazu führen, dass sich eine Person einsam fühlt, selbst wenn sie unter Freunden und Angehörigen ist. Wenn die Zirbeldrüsenfunktion jedoch wiederhergestellt wird, verschwindet dieses Gefühl der Trennung und macht Platz für ein wiederbelebtes Gefühl der Zugehörigkeit und Verbindung zur Welt.

Intuition ist ein weiterer Schlüsselfaktor für die Gesundheit der Zirbeldrüse. Wenn Ihre Zirbeldrüse stark und gesund funktioniert, werden Sie feststellen, dass Ihnen eine fast unbegrenzte Menge an angeborenen Wissen zur Verfügung steht. Dazu können Dinge wie starke erste Eindrücke von Menschen, ein Gespür dafür, was andere Menschen denken, und sogar eine Ahnung von Ereignissen gehören, die noch eintreten werden. Wenn Ihre Zirbeldrüse aktiv ist, können Sie in jedem Fall über das hinaussehen, was die physischen Sinne wahrnehmen können, und so wertvolle Informationen zu einem Zeitpunkt erhalten, an dem diese für Ihre Entscheidungen besonders nützlich sein können.

Schließlich gibt es noch das Element der Träume und anderer nicht-physischer Aktivitäten. Da die Zirbeldrüse ein entscheidender Teil des Schlafzyklus ist, liegt es auf der Hand, dass sie auch die Qualität und Quantität der Träume einer Person beeinflusst. Studien haben gezeigt, dass Menschen mit gesunder Zirbeldrüsenaktivität klarere, längere und intensivere Träume haben als Menschen mit durchschnittlicher bis schlechter Zirbeldrüsengesundheit. Darüber hinaus sind luzide Träume bei Menschen mit stimulierter Zirbeldrüse häufiger. Dies ist ein weiterer Grund, warum die Zirbeldrüse als Sitz der Seele gilt, da sie die Fähigkeit einer Person, Erfahrungen in der nicht-physischen Traumumgebung zu machen, direkt beeinflusst.

Kapitel 4: Methoden zum Öffnen des Dritten Auges

Nachdem Sie die verschiedenen Wirkungen der Stimulation der Zirbeldrüse kennengelernt haben, möchten Sie zweifellos wissen, was Sie tun müssen, um Ihre Zirbeldrüse wieder auf Höchstleistung zu bringen. Denn wer möchte nicht besser schlafen, klarere Gedanken haben und intensive Träume erleben? Glücklicherweise gibt es mehrere Möglichkeiten, die Gesundheit und Vitalität Ihrer Zirbeldrüse wiederherzustellen und so ihre Leistungsfähigkeit deutlich zu steigern. Dieses Kapitel konzentriert sich auf die spirituellen Methoden zum Öffnen Ihres Dritten Auges. Wenn Sie einige oder alle dieser Methoden praktizieren, werden Sie enorme Verbesserungen Ihrer körperlichen, geistigen und spirituellen Gesundheit und Ihres Wohlbefindens feststellen. Das Beste daran ist, dass alle diese Methoden relativ einfach und leicht durchzuführen sind.

Meditation und Chanting

In diesem Buch wurde bereits erwähnt, dass die Zirbeldrüse von vielen als Tor zwischen der spirituellen und der physischen Welt angesehen wird. Wenn Ihre Zirbeldrüse physisch stark ist, ist auch Ihre spirituelle Existenz stark. Wie bei jedem Tor ist dies jedoch eine Einbahnstraße. Mit anderen Worten: Sie können die physische Gesundheit Ihrer Zirbeldrüse tatsächlich verbessern, indem Sie sich auf spirituelle Übungen konzentrieren. Mit dieser Methode können Sie eine starke spirituelle Gesundheit in eine starke physische Gesundheit umwandeln.

Eine der gängigsten Methoden, um dieses Ziel zu erreichen, ist Meditation. Durch Meditation verbessern Sie Ihre Fähigkeit, sich auf Ihre innere Sicht zu konzentrieren. Indem Sie die Eindrücke Ihrer physischen Sinne abschalten, erhöhen Sie die Wahrnehmung Ihrer spirituellen Sinne, insbesondere Ihres Dritten Auges. Dies stärkt Ihre Zirbeldrüse auf die gleiche Weise, wie Gewichtheben die Muskeln stärkt. Je mehr Sie sich also auf Ihr Drittes Auge konzentrieren, desto stärker wird es, was wiederum die Funktion der Zirbeldrüse verbessert.

Eine andere Methode zum Öffnen des Dritten Auges ist Chanten. Es stimmt zwar, dass die Zirbeldrüse auf Licht reagiert, aber ebenso wahr ist, dass sie auch auf Vibrationen reagiert. Diese Tatsache ist in der hinduistischen Chakra-Tradition gut dokumentiert. Jedes Chakra reagiert auf unterschiedliche Farben, Düfte und Vibrationen. Wenn Sie die richtigen Reize anwenden, können Sie die Stärke und Leistung eines bestimmten Chakras steigern. Vibrationen können von außerhalb des Körpers kommen, beispielsweise in Form von Musik, Bewegung oder sogar Trommelschlägen. Die wirksamste Form der Vibration kommt jedoch aus dem Körper selbst und wird durch das Singen bestimmter Töne oder Wörter in einem bestimmten Rhythmus erreicht. Durch das Ausführen der richtigen Klänge können Sie die Zirbeldrüse stimulieren und so Ihr Drittes Auge öffnen.

Das richtige Licht bekommen

Neben Vibrationen ist auch Licht ein wirksamer Reiz für die Funktion der Zirbeldrüse. Deshalb ist es so wichtig, das Licht zu regulieren, das Sie zu verschiedenen Tageszeiten aufnehmen. Wenn Sie sich spät in der Nacht hellem Licht aussetzen, wird Ihre Zirbeldrüse denken, es sei Tag, was die Produktion von Melatonin reduziert. Wenn Sie tagsüber eine Sonnenbrille tragen, reduzieren Sie das Licht, das Ihre Augen erhalten, wodurch Ihre Zirbeldrüse annimmt, es sei später als es tatsächlich ist. Dies führt zu einer erhöhten Melatoninproduktion und verursacht Schläfrigkeit und Trägheit. Der Trick zur Verbesserung der Zirbeldrüsenleistung und damit zur Öffnung des Dritten Auges - besteht darin, sicherzustellen, dass Sie zur richtigen Zeit das richtige Licht bekommen.

Die erste Möglichkeit, das richtige Licht zum Öffnen des Dritten Auges sicherzustellen, besteht darin, dafür zu sorgen, dass Ihr Schlafzimmer nachts völlig dunkel ist. Schwere

Vorhänge helfen dabei, Licht zu reduzieren, das von außen in Ihr Zimmer fällt, wie im Fall von Autolichtern oder Straßenlaternen. Wenn Sie außerdem elektronische Geräte aus Ihrem Schlafzimmer entfernen, wird jegliches Licht durch Betriebsanzeigen, Uhrenanzeigen oder andere Lichtquellen eliminiert, die die Dunkelheit in Ihrem Zimmer verringern würden. Studien haben gezeigt, dass selbst das kleinste Licht die Schlafmuster einer Person erheblich stören und die Qualität des Schlafs und der Träume beeinträchtigen kann. Da Träume ein wichtiger Teil der Erfahrung Des dritten Auges sind, sollten Sie Ihr Potenzial für die bestmöglichen Träume maximieren.

Und schließlich müssen Sie Ihren Augen tagsüber natürliches Licht ermöglichen. Denn damit Ihre Zirbeldrüse maximal effizient arbeiten kann, muss sie jeden Tag eine angemessene Zeit ruhen. Helles Sonnenlicht reduziert die Aktivität der Zirbeldrüse und gibt ihr so die Ruhezeit, die sie braucht, um stark und gesund zu sein. Jedes Mal, wenn Sie eine Sonnenbrille tragen, entfernen Sie diesen Reiz und stören so den Schlafzyklus der Drüse, die für die Regulierung Ihres Schlafzyklus verantwortlich ist. Legen Sie daher die Sonnenbrille ab (außer beim Autofahren) und lassen Sie Ihre Augen das natürliche Licht aufnehmen.

Kapitel 5: Interaktion mit dem Dritten Auge

Sobald Sie den Prozess des Öffnens Ihres Dritten Auges durchlaufen haben, ist es wichtig, dass Sie beginnen, es sinnvoll zu nutzen. In gewisser Weise ist das Öffnen Ihres dritten Auges wie das Erlernen einer anderen Sprache. Wenn Sie über eine andere Sprache verfügen würden, würden Sie sie nutzen und sie so oft wie möglich verwenden wollen. Sie würden Orte finden, an denen die Menschen diese Sprache sprechen, Fernsehsendungen in dieser Sprache ansehen und im Allgemeinen alles tun, was Sie können, um Ihre Fähigkeiten zu verfeinern und fließender zu werden. Genau das möchten Sie mit Ihren Fähigkeiten des Dritten Auges tun. In diesem Kapitel werden mehrere Möglichkeiten vorgestellt, wie Sie mit Ihrem Dritten Auge interagieren und es dadurch stärken und gleichzeitig neue Fähigkeiten entwickeln können, die Sie in Ihrem täglichen Leben anwenden können.

Öffnen Sie Ihren Geist

Die Wirkung des Dritten Auges auf Vorstellungskraft und Visualisierung kann nicht genug betont werden. Kurz gesagt, Menschen mit wenig oder gar keiner Vorstellungskraft haben wahrscheinlich eine unterdurchschnittlich aktive Zirbeldrüse. Sobald Sie jedoch Ihr Drittes Auge erweckt haben, werden Sie beginnen, eine Fülle von Gedanken, Ideen und Bildern in Ihrem Kopf zu erleben, die Ihrem Leben eine ganz neue Ebene der Vorstellungskraft verleihen. Zunächst wissen Sie vielleicht nicht, was Sie mit dieser neu entdeckten Quelle an Bildern und Ideen anfangen sollen- aber mit ein wenig Übung können Sie Wege finden, Ihr Leben mit diesem kreativen Strom zu bereichern.

Ihre Vorstellungskraft wird klarer, reicher und leichter verfügbar, sobald Ihr Drittes Auge geöffnet ist. Der Trick besteht darin, Ihre Vorstellungskraft so oft wie möglich zu nutzen, um die Gesundheit des Dritten Auges aufrechtzuerhalten. Eine Möglichkeit, dies zu tun, besteht darin, Probleme zu lösen, indem Sie über den Tellerrand hinausblicken. Dieser Begriff wird verwendet, um jemanden zu beschreiben, der sich bei Problemen nicht auf traditionelle Lösungen verlässt. Wenn Sie anfangen, sich Lösungen vorzustellen, werden Sie Ideen finden, an die andere nie gedacht haben. Diese Ideen werden sich nicht nur als die besten für die jeweilige Situation erweisen, sondern sie werden auch Gelegenheiten für die Anwendung anderer fantasievoller Ideen schaffen. Am Ende werden Sie für Ihre Fähigkeit respektiert, Lösungen heraufzubeschwören, auf die die meisten Menschen nie gekommen wären.

Eine weitere gute Praxis ist das Studium von Symbolen und ihrer Bedeutungen. Symbole werden verwendet, um emotionale Reaktionen in einer Person hervorzurufen, weshalb sie so effektiv sind. Religiöse Symbole beispielsweise vermitteln tiefe und gehaltvolle Botschaften, ohne ein einziges Wort zu verwenden. Diese Form der Kommunikation beruht stark auf einem aktiven und gesunden Dritten Auge. Wer keine Einsicht hat, sieht nur das physische Bild und sonst nichts. Wenn Ihr Drittes Auge jedoch geöffnet ist, können Sie Einsicht und Bedeutung in Symbole gewinnen, die Sie noch nie zuvor gesehen haben. Das ist praktisch wie das Erlernen einer anderen Sprache, nur dass Sie feststellen werden, dass Sie sie bereits verstehen, ohne sich anstrengen zu müssen.

Auf göttliche Weisheit zugreifen

Eine andere Form dieser spirituellen Sprache ist die Wahrsagerei. Auf den ersten Blick könnte man versucht sein, über die Vorstellung der Wahrsagerei zu spotten und sie als Betrug anzusehen, bei dem Leute Geld dafür verlangen, Dinge vorherzusagen, die wahr werden können oder auch nicht. Leider ist dies ein weit verbreitetes Problem, das ein sehr negatives Bild der Wahrsagerei im Allgemeinen zeichnet. Es gibt jedoch eine sehr reale und heilige Seite der Wahrsagerei, die die Praktizierenden sehr gut kennen. Sobald Sie Ihr Drittes Auge geöffnet haben, werden Sie beginnen, dieses Phänomen zu erleben, ob Sie nun daran glauben oder nicht.

Der Grund dafür ist, dass wahre Wahrsagerei eine Erweiterung der Intuition ist. Da das Dritte Auge es Ihnen ermöglicht, auf göttliche Weisheit zuzugreifen, haben Sie bereits Zugang zu Informationen, die über das hinausgehen, was Ihre physischen Sinne liefern können. Jede Form der Wahrsagerei dient dazu, diese Intuition auf greifbare Weise darzustellen. Sie wird als Werkzeug fungieren, das Intuition in die physische Welt projiziert. Tarotkarten wissen nicht, was die Zukunft bringt, aber Ihre Intuition weiß es, und diese Intuition bestimmt, welche Karten gezogen werden. Das ist die wahre Natur der Wahrsagerei. Sie ist die physische Kommunikation zwischen Ihrem intuitiven Verstand und Ihrem Bewusstsein.

Der Trick besteht darin, eine Form der Wahrsagerei zu finden, die für Sie funktioniert. Obwohl alle Formen der Wahrsagerei möglicherweise dieselbe Funktion erfüllen, bieten sie dem Benutzer nicht unbedingt dieselbe Erfahrung. Manche Menschen kommen mit Karten besser zurecht, seien es Tarotkarten, Spielkarten oder ähnliche. Andere finden, dass die Verwendung kleiner Gegenstände wie Münzen,

Runen oder vergleichbare Methoden eine bedeutungsvollere und zuverlässigere Erfahrung bietet. Wichtig ist, sich daran zu erinnern, dass es keine Schande ist, mehrere Formen auszuprobieren, bevor Sie diejenige finden, die für Sie funktioniert. Sobald Sie Ihren Wahrsagestil gefunden haben, werden Sie in der Lage sein, mit großem Geschick, Genauigkeit und Leichtigkeit Antworten auf praktisch jede Frage zu finden.

Träume, luzide Träume und jenseitige Erfahrungen

Eine andere Möglichkeit, mit dem Dritten Auge zu interagieren, besteht darin, es als Tor zwischen den Welten zu verwenden. Sie können es entweder verwenden, um Ihr Unterbewusstsein in die physische Welt zu übertragen, wie im Fall von Träumen, oder Sie können es verwenden, um Ihr Bewusstsein in die spirituelle Welt zu übertragen, wie im Fall von luziden Träumen und jenseitigen Erfahrungen wie Astralreisen. Ein offenes Drittes Auge erhöht die Quantität und Qualität Ihrer Träume und bietet Ihnen jede Nacht im Schlaf eine wundervolle Erfahrung. Einige dieser Träume sind Produkte Ihrer neu entdeckten Vorstellungskraft und schaffen eine unterhaltsame und aufregende Erfahrung. Andere können jedoch das Ergebnis Ihrer gesteigerten Intuition sein. Solche Träume erweisen sich oft als prophetisch und geben Ihnen Einblick in ein Ereignis, eine Begegnung oder eine Erfahrung, die sich noch entfalten wird. Eine großartige Möglichkeit, die Intensität Ihrer Träume zu verbessern, besteht darin, ein Traumtagebuch zu führen, in dem Sie Ihre Traumzeiterlebnisse aufzeichnen.

Luzide Träume sind solche, in denen Sie sich bewusst werden, dass Sie träumen. Die Fähigkeit, in einem Traum aufzuwachen, gibt Ihnen die Möglichkeit, die Traumwelt mit Absicht und Ziel zu erkunden, anstatt sich einfach von Ihren Träumen dorthin führen zu lassen, wo sie Sie hinführen wollen. Darüber hinaus können Sie Ihren Traum tatsächlich erschaffen, sobald Sie luzid werden. Sie können zu exotischen und weit entfernten Orten fliegen, mit berühmten Leuten sprechen, auf einer tropischen Insel entspannen oder alles tun, was Ihr Verstand sich vorstellen kann. Je besser Sie im luziden Träumen werden, desto reicher und aufregender werden diese Erfahrungen. In vielen alten und auch einigen modernen Traditionen gilt luzides Träumen als bewusste Erkundung der Geisterwelt - ein Raum unendlicher Möglichkeiten .

Astralreisen sind ein weiteres Beispiel für jenseitige Erfahrungen, diemit einem geöffneten Dritten Auge möglich werden. Dies ist eine ähnliche Erfahrung wie luzides Träumen, außer dass sie in der physischen Welt stattfindet. Mit anderen Worten: Ihr Bewusstsein verlässt Ihren Körper und ist gleichzeitig im Wachzustand anderswo präsent. Zahlreiche Berichte berichten, dass Menschen in solchen Fällen den Astralkörper der Person erkennen oder sogar sehen konnten; es scheint jedoch, dass diese Erscheinung normalerweise unsichtbar ist. Dies könnte davon abhängen , ob die anderen Anwesenden ihr Drittes Auge geöffnet haben oder nicht. Wenn Ihr drittes Auge jedoch aktiviert ist, können Sie solche transzendenten Phänomene bewusst erforschen. Astralprojektion ist keine leicht zu erlernende Fähigkeit, aber sie erweist sich als die erforderliche Zeit und Mühe wert.

Kapitel 6: Die Gefahren der Verkalkung

Eine der größten Gefahren für die Zirbeldrüse ist ein Zustand, der als Verkalkung bezeichnet wird. Dabei bilden sich Kalziumphosphat-Kristalle, die die Zirbeldrüse überziehen und ihre ordnungsgemäße Funktion beeinträchtigen. Jeder, der in einer Gegend mit hartem Wasser lebt, kennt dieses Phänomen: Wasserhähne, Wasserkocher und andere Haushaltgeräte bilden eine weiße Schicht aus Mineralablagerungen, die den Wasserfluss behindern, Heizelemente schädigen und weitere Probleme verursachen können, wenn sie nicht behandelt werden. Genau dieser Prozess findet in der Zirbeldrüse statt, wenn sie verkalkt.

In diesem Kapitel werden wir die typischen Symptome einer verkalkten Zirbeldrüse untersuchen sowie die Hauptursachen dieser Ablagerungen und bewährte Methoden zur Entkalkung und Wiederherstellung der Funktion.

Symptome der Verkalkung

Die Symptome der Verkalkung der Zirbeldrüse betreffen alle Bereiche der Gesundheit und des Wohlbefindens. Auf körperlicher Ebene kann eine Person, die an Verkalkung leidet, Gewichtszunahme, Durchblutungsstörungen, Nieren- und Schilddrüsenprobleme, Verdauungsbeschwerden und sogar Sehstörungen aufweisen. Ein weiteres zentrales physiologisches Symptom ist ein gestörter zirkadianer Rhythmus. Dies führt dazu, dass die Person nachts Schwierigkeiten beim Einschlafen oder morgens beim Aufwachen hat. Während jedes dieser Symptome für sich genommen zahlreiche andere Ursachen haben kann, deutet das gleichzeitige Auftreten mehrerer oder aller Symptome klar auf eine verkalkte Zirbeldrüse hin.

Eine verkalkte Zirbeldrüse kann auch die geistige Gesundheit und das Wohlbefinden einer Person beeinträchtigen. In diesem Fall kann eine Person an Depressionen, Stimmungsschwankungen, einer Unfähigkeit, sich über einen längeren Zeitraum zu konzentrieren, und einer verminderten Fähigkeit, neue Konzepte zu lernen, leiden. Darüber hinaus kann eine stark verkalkte Zirbeldrüse dazu führen, dass eine Person leicht desorientiert wird und sogar mit ihrer Wahrnehmung der Realität selbst zu kämpfen hat. Diese Symptome ähneln den Nebenwirkungen starker Medikamente, und das ist naheliegend, da die Melatoninproduktion bei Verkalkung der Zirbeldrüse erheblich abnimmt, genau wie bei der Beeinträchtigung durch bestimmte Medikamente.

Schließlich zeigen sich Symptome, die das geistige Wohlbefinden tiefgreifend beeinträchtigen. eine merkliche Schwächung der Intuition, beeinträchtigte oder beunruhigende Träume, nachlassende Vorstellungskraft und Kreativität sowie das Gefühl, mit dem inneren Selbst nicht im Einklang zu stehen . All diese Veränderungen können eine spirituelle Entfremdung auslösen, was zu einer schweren Glaubens- und Identitätskrise führen kann.

Ursachen der Verkalkung

Glücklicherweise wurden die Ursachen der Verkalkung durch zahlreiche Studien und umfangreiche Untersuchungen identifiziert. Die schlechte Nachricht ist, dass die meisten Ursachen in alltäglichen Aktivitäten und Umgebungen zu finden sind, sodass sie nur schwer vollständig vermieden werden können. Sobald Sie die Ursachen kennen, können Sie jedoch versuchen, sich so gut wie möglich zu schützen. Doch bereits die Reduzierung dieser Einflussfaktoren kann den Verkalkungsprozess spürbar verlangsamen.

Eine der Hauptursachen für Verkalkung ist Fluorid. Kurz gesagt, Fluorid wird von kalziumreichen Umgebungen wie der Zirbeldrüse angezogen. Die Kombination dieser Mineralien führt zur Bildung von Kalziumfluorid-Kristalle, die die Zirbeldrüse überziehen und verhärten. Leitungswasser ist normalerweise reich an Fluorid und stellt daher eine echte Gefahr für die Gesundheit der Zirbeldrüse dar. Darüber hinaus enthalten die meisten Zahnpastasorten hohe Mengen an Fluorid, was das Problem noch verschärft.

Mineralstoffpräparate können ebenfalls zur Verkalkung der Zirbeldrüse beitragen. Dies gilt insbesondere für Kalziumpräparate. Obwohl Kalzium selbst nicht schädlich ist, ist es nur in seiner natürlichen Form, wie in Obst, Gemüse und Milchprodukten, sicher. Wenn Mineralien in Form von Nahrungsergänzungsmitteln eingenommen werden, kann der Körper sie nicht effektiv verarbeiten, wodurch sich Mineralablagerungen bilden können.

Schließlich gibt es noch das Problem der verarbeiteten Lebensmittel. Die meisten verarbeiteten Lebensmittel enthalten hohe Mengen an Zusatzstoffen und Konservierungsstoffen, die der Körper nicht abbauen und verarbeiten kann. Das ist durchaus logisch, da genau diese Substanzen verwendet werden, um zu verhindern, dass die Lebensmittel durch Bakterien, Schimmel oder ähnliches zersetzt werden. Da der Körper diese Fremdstoffe nicht verarbeiten kann, neigen sie dazu, sich im Körper anzusammeln und sich überall als giftige Ablagerungen abzulagern. Die Zirbeldrüse ist ein Hauptbereich, in dem sich viele dieser

Ablagerungen bilden, was zu Verkalkung und einer allgemeinen Verhärtung der Drüse führt.

Methoden zur Entkalkung

Glücklicherweise gibt es viele einfache Möglichkeiten, den Auswirkungen von Verkalkung entgegenzuwirken und sie sogar umzukehren. Die erste Methode ist die offensichtlichste: Vermeiden Sie die Hauptursachen, die den größten Schaden anrichten. Im Falle von Fluorid sollten Sie so oft wie möglich gereinigtes Wasser trinken,was nicht zwangsläufig den Kauf von Flaschenwasser erfordert – stattdessen können Sie einen Wasserfilter verwenden, der speziell dafür ausgelegt ist, Mineralien wie Fluorid zu entfernen.

Darüber hinaus können Sie nach Zahnpasta mit geringerem Fluoridgehalt suchen. Da Sie jedoch keine Zahnpasta zu sich nehmen, ist dies kein großes Problem.

Die Verringerung der Verwendung von Vitamin- und Mineralstoffpräparaten ist eine weitere sichere Möglichkeit, den Verkalkungsprozess zu reduzieren und umzukehren. Der beste Weg, Ihrem Körper Vitamine und Mineralstoffe zuzuführen, besteht darin, natürliche Lebensmittel zu essen, die reich an diesen sind. Viel Obst, Gemüse, Milchprodukte und Hülsenfrüchte liefern Ihrem Körper alle Nährstoffe, die er braucht, in einer Form, die der Körper optimal verwerten kann. Darüber hinaus können viele Blattgemüse tatsächlich dabei helfen, den Körper zu entgiften, indem sie Mineralablagerungen, wie etwa die Verkalkung der Zirbeldrüse, reduzieren.

Andere Methoden zur Entgiftung der Zirbeldrüse umfassen die Verwendung natürlicher Öle und gesunder Lebensmittel. Weizengras und Chlorophyll sind zwei der wirksamsten Naturstoffe für diesen Prozess. Indem Sie Ihrer Ernährung chlorophyllreiche Lebensmittel wie Blattgemüse und grünes Gemüse hinzufügen, können Sie Ihren Körper und Geist entgiften und Ihre allgemeine Gesundheit und Ihr Wohlbefinden deutlich verbessern.

Kapitel 7: Ganzheitliche Methoden zur Entgiftung der Zirbeldrüse

Während Verkalkung zwar die Hauptursache für eine schlechte Zirbeldrüsenleistung ist, gibt es viele andere Giftstoffe, die die Gesundheit der Zirbeldrüse beeinträchtigen können. Diese Giftstoffe sind allgegenwärtig, was bedeutet, dass der Durchschnittsmensch ihnen normalerweise allzu regelmäßig ausgesetzt ist. In diesem Buch wurden bereits einige dieser Gefahren sowie Methoden zur Vermeidung und zur Umkehrung ihrer Auswirkungen behandelt. In diesem Kapitel werden nun einige der ganzheitlicheren Methoden zur Entgiftung der Zirbeldrüse vorgestellt, mit denen ihre ordnungsgemäße Funktion wiederhergestellt werden kann.

Yoga und andere Übungen

In nahezu jedem Gesundheits- und Fitnessbuch steht, dass neben einer gesunden Ernährung auch eine ausreichende Menge an Bewegung im Alltag essenziell ist. Die meisten

Menschen gehen davon aus, dass diese Übungen hauptsächlich beim Abnehmen und Muskelaufbau helfen sollen. Dies sind zwar positive Auswirkungen von Bewegung, aber die wichtigste Folge täglicher Bewegung ist die Verbesserung der Blut- und Sauerstoffzirkulation. Diese beiden Faktoren arbeiten zusammen, um das Energieniveau sowohl im Körper als auch im Geist zu erhöhen. Studien haben gezeigt, dass eine erhöhte Blut- und Sauerstoffzirkulation direkte Auswirkungen auf das Gehirn und seine Funktionen hat. Da sich die Zirbeldrüse im Gehirn befindet, profitiert auch sie entscheidend von regelmäßiger Bewegung.

Sie müssen nicht anfangen, Gewichte zu heben oder 15 Kilometer am Tag zu laufen, um diese Ergebnisse zu erzielen. Stattdessen können einige der am wenigsten anstrengenden Übungen besonders effektiv sein, um die Blut- und Sauerstoffzirkulation im gesamten Körper zu verbessern. Yoga ist beispielsweise eine solche Übung. Indem Yoga sich auf die richtige Körperhaltung sowie tiefes Atmen konzentriert, verbessert es die Durchblutung und Atmung einer Person erheblich. Darüber hinaus helfen die Positionen, in denen man kopfüber liegt, dabei, mehr sauerstoffreiches Blut ins Gehirn zu leiten, was seine Leistungsfähigkeit verbessert.

Andere Übungen, die helfen, Giftstoffe auszuspülen, indem sie den Blut- und Sauerstofffluss verbessern, sind zügiges Gehen, Joggen und jede andere Aktivität, die Atmung und

Herzfrequenz steigert. Auch hier geht es nicht darum, für die Olympischen Spiele zu trainieren; es geht vielmehr darum, den Blutkreislauf zu aktivieren, um Sauerstoff an Organe, Muskeln und Drüsen zu transportieren. Dieser erhöhte Blutfluss spült zudem zahlreiche Giftstoffe aus, die sich sonst im Körper ansammeln würden.

Lebensmittelzusatzstoffe

Bestimmte Lebensmittelzusatzstoffe enthalten wirkungsvolle Bestandteile, die Giftstoffe aus dem Körper ausleiten können. Diese können pur verzehrt oder in normale Mahlzeiten integriert werden. Durch erhöhten Verzehr solcher Zusätze unterstützen Sie die Ausspülung von Giftstoffen aus dem gesamten Organismus – nicht nur aus der Zirbeldrüse.

- **Roher Kakao:** Roher Kakao ist die Grundzutat für Schokolade. Er enthält besonders viele Antioxidantien, die dabei helfen, zahlreiche Giftstoffe aus dem Körper zu entfernen. Wenn er allein verzehrt wird, enthält er eine konzentrierte Dosis an Antioxidantien, die dabei helfen könnendie mentale Klarheit zu fördern und Schadstoffe aus dem Körper zu spülen. Da er günstig und leicht zu finden ist, ist er eines der am meisten empfohlenen Lebensmittel zur Entgiftung.

- **Roher Apfelessig:** Roher Apfelessig unterstützt den Verdauungsprozess und hilft dem Körper, Nahrung effizienter zu verarbeiten. So bleiben weniger Abfallstoffe im System zurück, nachdem die Nährstoffe extrahiert wurden. Die Apfelsäure im Apfelessig ist auch in Früchten enthalten, die einen sauren Geschmack haben. Um die besten Ergebnisse zu erzielen, ist es wichtig, dass Sie darauf achten, dass der Apfelessig roh ist. Kaufen Sie Apfelessig außerdem nur in Glasbehältern, da dies Giftstoffe aus Plastikbehältern eliminiert.

- **Jod:** Jod kommt auf natürliche Weise in Lebensmitteln wie Grünkohl, Seetang und bestimmten Meeresfrüchten wie Garnelen, Kabeljau und Thunfisch vor. Die Hauptfunktion von Jod besteht darin, den Körper von Natriumfluorid zu reinigen, jenem Fluoridtyp, der dem Leitungswasser zugesetzt wird. Wie bereits erwähnt, ist das Fluorid im Leitungswasser einer der Hauptbestandteile, die für die Verkalkung der Zirbeldrüse verantwortlich sind. Daher hilft eine jodreiche Ernährung, die Verkalkung zu reduzieren und so die Zirbeldrüse wieder in Bestform zu bringen.

Farben, Aromen und Kristalle

Schließlich gibt es Methoden zur Reinigung des Systems, bei denen Farben, Aromen und Kristalle zum Einsatz kommen. Diese Methoden konzentrieren sich eher auf die spirituelle als auf die physische Seite der Entgiftung. Da die Zirbeldrüse das Tor zwischen der physischen und spirituellen Welt ist, ist es sinnvoll, dass Sie die Entgiftung von beiden Seiten angehen können.

- **Farbe:** Die meisten Menschen würden die Verwendung von Farbe nicht mit einer Verbesserung der körperlichen Gesundheit in Verbindung bringen. Alte Traditionen, darunter die hinduistische Chakra-Tradition, erkannten jedoch einen sehr realen Zusammenhang zwischen den beiden. Im Kontext der Chakra-Tradition ist Indigo die Farbe, die mit der Zirbeldrüse oder dem Dritten Auge-Chakra assoziiert wird. Sie können indigofarbene Kleidung tragen, einen Raum in Ihrem Haus streichen oder einfach ein paar Vorhänge oder ein Bild aufhängen, das die dringend benötigte Farbe in Ihr Leben bringt. Indem Sie sich auf die Farbe konzentrieren, erhöhen Sie den Energiefluss des Dritten Auge-Chakras und fördern Gesundheit und Wohlbefinden der Zirbeldrüse.

- **Kristalle:** Die mit dem Dritten Auge-Chakra verbundenen Kristalle sind indigo- oder blau/violettfarben. Dazu gehören Saphir, Amethyst und Lapislazuli. Das Tragen eines dieser Kristalle verstärkt den Energiefluss des Dritten Auge-Chakras, indem es die entsprechende Energie zu Ihnen zieht. Solche Kristalle wirken wie energetische Leiter, die heilende Energien bündeln und so das Gleichgewicht des Chakras unterstützen.

- **Öle:** Sie können auch aromatische Öle verwenden, um den Energiefluss im im Bereich des Dritten-Auge-Chakras zu erhöhen. Mit diesem Chakra verbundene Düfte sind Patchouli, Wacholder und Zypresse. Öle können dem Badewasser zugesetzt werden, um ein beruhigendes Erlebnis zu schaffen, das die Energien des Dritten-Auge-Chakras ausgleicht, oder sie können in einen Brenner gegeben werden, um sich in der Luft zu verteilen und so eine gesunde und ausgeglichene Umgebung zu schaffen. Im Fall von Wacholder und Zypresse können Sie einen Spaziergang in einem Waldgebiet mit immergrünen Bäumen unternehmen. Der natürliche Duft dieser Bäume hilft, das Gleichgewicht des Dritten Auges wiederherzustellen und reinigt so im Zuge dessen die Zirbeldrüse.

Abschluss

Nachdem Sie dieses Buch gelesen haben, verstehen Sie nun die wichtige Rolle, die die Zirbeldrüse in Ihrem Leben spielt. Sie reguliert nicht nur Ihren Schlaf und Ihre Traumzyklen, sondern stabilisiert auch Ihre Stimmung, beeinflusst Ihr Energieniveau und sorgt für geistige Klarheit und Schärfe. Darüber hinaus kann sie Ihren Geist für spirituelle Erkenntnisse, Intuition und sogar besondere Erfahrungen öffnen. Indem Sie die in diesem Buch enthaltenen Methoden und Ratschläge befolgen, können Sie die Gesundheit Ihrer Zirbeldrüse stärken und so ihre optimale Leistung sicherstellen. So entdecken Sie die Wunder eines Lebens , das von einem gesunden Dritten Auge bestimmt wird, ein Leben mit unbegrenztem Spielraum und unbegrenzten Möglichkeiten!

Wenn Ihnen das Buch gefallen hat, hinterlassen Sie bitte eine positive Bewertung auf Amazon.

Vielen Dank

Abschluss

Ressourcen

4 Things That Can Harm Your Pineal Gland. (2016, February 12). Tana Hoy.

Benefits of decalcifying/activating your Pineal Gland (Third Eye/Ajna Chakra). (2016, January 2). Decalcify Pineal Gland.

Chia, M. (2016, February 22). *10 Powerful Ancient Practices for Pineal Gland Activation*. Conscious Lifestyle Magazine.

How to Open Your Third Eye. (2020). Gaia.

López-Muñoz, F., Molina, J. D., Rubio, G., & Alamo, C. (2011). An historical view of the pineal gland and mental disorders. *Journal of Clinical Neuroscience, 18*(8), 1028–1037.

Pineal Gland Function: What You Should Know. (2017, April 7). Healthline.

The Potential Role of Melatonin on Mental Disorders: Insights from Physiology and Pharmacology. (2025). Omicsonline.org.

What is the Pineal Gland's Function and How to Amplify It. (2018, June 4). Mindbliss Meditation.

Yang, S. (2000, May 8). *The Power of Circadian Rhythms.* WebMD; WebMD.

www.ingramcontent.com/pod-product-compliance
Lightning Source LLC
LaVergne TN
LVHW012350220826
846091LV00016B/4191

* 9 7 8 1 9 6 6 6 9 1 4 1 9 *